# Vivre en santé, 1re à 3e année

I0078885

## Éveiller l'intérêt des élèves

Aidez les élèves à comprendre et apprécier les divers concepts du cours de santé au moyen de ressources reliées aux sujets étudiés, telles que des histoires, des livres informatifs faciles à lire, des vidéos et des affiches, qui les encourageront dans leur apprentissage.

## Modèles à reproduire et organisateurs graphiques

Encouragez les élèves à utiliser les modèles et les organisateurs graphiques pour présenter de l'information, revoir des concepts importants et fournir de nouvelles occasions d'apprentissage. Les organisateurs graphiques les aideront à se concentrer sur des idées importantes et à faire des comparaisons directes.

## Cartes d'émotions

Utilisez ces cartes pour identifier les émotions des élèves dans diverses situations.

## Cahier d'apprentissage

Un cahier d'apprentissage permet à chaque élève d'organiser ses réflexions et ses idées au sujet des concepts de santé présentés. L'examen de ce cahier vous aide à choisir les activités de suivi qui sont nécessaires pour passer en revue la matière étudiée et pour clarifier les concepts appris.

Un cahier d'apprentissage peut contenir :

- des conseils de l'enseignante ou enseignant,
- des réflexions de l'élève,
- des questions soulevées,
- des liens découverts,
- des schémas avec étiquettes et des illustrations.

## Grilles d'évaluation et listes de vérification

Utilisez les grilles d'évaluation et listes proposées dans ce livre pour évaluer l'apprentissage des élèves.

## Table des matières

Vivre en santé, 1re à 3e année

# Mon nom

Mon nom est _____ .

**1.** J'ai _____ ans.

**2.** Mon activité préférée : _____ .

**3.** Ma couleur préférée : _____ .

**4.** Je suis quelqu'un d'unique parce que _____ .

Vivre en santé, 1ʳᵉ à 3ᵉ année

# J'ai changé

|  | Quand j'étais plus jeune | Maintenant |
|---|---|---|
| **1.** Ma taille | | |
| **2.** La nourriture que je mange | | |
| **3.** Les jouets que j'aime | | |
| **4.** Où je dors | | |

Vivre en santé, 1ʳᵉ à 3ᵉ année

# Les changements dans ta vie

Dans le tableau ci-dessous, décris un changement qui s'est produit dans ta vie. Par exemple, un déménagement ou un nouvel animal de compagnie.

**1.** **Quel changement s'est produit?**

**2.** **Que s'est-il passé après le changement?**

**3.** **Comment as-tu réagi à ce changement?**

# Les moments importants dans ma vie

| | Âge | Moment important |
|---|---|---|
| 1. | | |
| 2. | | |
| 3. | | |
| 4. | | |
| 5. | | |
| 6. | | |
| 7. | | |
| 8. | | |

Vivre en santé, 1<sup>re</sup> à 3<sup>e</sup> année

# Plus tard, je serai...

**1.** Plus tard, je veux être _____ .

**2.** Voici la raison : _____

_____

_____

Vivre en santé, 1<sup>re</sup> à 3<sup>e</sup> année

# Une personne importante

**1.** Ce dessin représente une personne importante dans ma vie.

**2.** _____ est une personne importante parce que

_____

_____.

Vivre en santé, 1re à 3e année

# Un visage joyeux

Ce dessin représente un visage joyeux.

Vivre en santé, 1ʳᵉ à 3ᵉ année

# Un visage triste

Ce dessin représente un visage triste.

Vivre en santé, 1re à 3e année

# Un visage fâché

Ce dessin représente un visage fâché.

Vivre en santé, 1re à 3e année

# Un visage effrayé

Ce dessin représente un visage effrayé.

Chalkboard Publishing Inc.

Vivre en santé, 1<sup>re</sup> à 3<sup>e</sup> année

# Un visage inquiet

Ce dessin représente un visage inquiet.

Vivre en santé, 1ʳᵉ à 3ᵉ année

# Qu'est-ce que tu ressentirais?

de la joie          de la tristesse          de la colère          de l'inquiétude          de la peur

| Situation | Je ressentirais… |
|-----------|------------------|
| 1. Mon ami m'invite à une fête. | |
| 2. Mon hamster est mort. | |
| 3. Je déménage dans une autre ville. | |
| 4. J'ai passé une belle journée. | |
| 5. Je dois rester en retenue à l'école. | |
| 6. Quelqu'un m'intimide à l'école. | |
| 7. Mon amie me raconte une blague. | |
| 8. J'essaie quelque chose pour la première fois. | |

*Vivre en santé, 1re à 3e année*

# Mes émotions

**1.**

Je ressens de la joie quand...

**2.**

Je me sens triste quand...

**3.**

Je ressens de l'inquiétude quand...

# Mes émotions

**1.**

Je ressens de l'enthousiasme quand…

**2.**

**3.**

# L'amitié

**1.** Qu'est-ce qu'une amie ou un ami? _____

_____

**2.** Nomme une amie ou un ami de ton école. _____

**3.** Dessine une activité que vous aimez faire ensemble.

**4.** Décris ton dessin. _____

_____

_____

Vivre en santé, 1<sup>re</sup> à 3<sup>e</sup> année

# L'amitié

**1.** Qui est ta meilleure amie ou ton meilleur ami? _____

**2.** Dessine une activité que vous aimez faire ensemble.

**3.** Décris ton dessin. _____

_____

_____

**4.** Pourquoi cette personne est-elle ta meilleure amie ou ton meilleur ami?

_____

*Vivre en santé, 1re à 3e année*

# Comment être une amie ou un ami

**1.** Imagine qu'il y a une nouvelle élève ou un nouvel élève dans ta classe. Que peux-tu faire pour que l'élève se sente à l'aise?

_____

_____

_____

_____

_____

**2.** Dessine une activité que vous pourriez faire ensemble.

Vivre en santé, 1re à 3e année

# T-shirt de l'amitié

Sur le t-shirt, écris une façon d'être une bonne amie ou un bon ami.

Vivre en santé, 1<sup>re</sup> à 3<sup>e</sup> année

# Sondage sur la coopération

Les gens s'entendent mieux lorsqu'ils coopèrent les uns avec les autres. Voici quelques façons de coopérer. Réponds au sondage et demande-toi si tu coopères avec les autres.

| Situation | Toujours | Parfois | Jamais |
|---|---|---|---|
| 1. Je partage avec les autres. | | | |
| 2. J'attends mon tour. | | | |
| 3. Je fais ma part quand je travaille en équipe. | | | |
| 4. Je complimente les autres quand ils réussissent quelque chose. | | | |
| 5. En cas de désaccord, je discute et je cherche une solution. | | | |

6. **Penses-tu être une personne coopérative? Explique ta réponse.**

_____

_____

_____

_____

_____

# Ressemblances et différences

Nous avons tous des ressemblances et des différences.

| QUESTION | TON NOM | LE NOM DE TA OU TON PARTENAIRE |
|---|---|---|
| 1. De quelle couleur sont vos cheveux? | | |
| 2. Quelle est votre couleur préférée? | | |
| 3. Qui est votre enseignante ou enseignant? | | |
| 4. Avez-vous un animal de compagnie? | | |
| 5. Quelle est votre activité scolaire préférée? | | |
| 6. Quel est le mois de votre naissance? | | |
| 7. Quelles sont vos différences? | | |
| 8. Quelles sont vos ressemblances? | | |

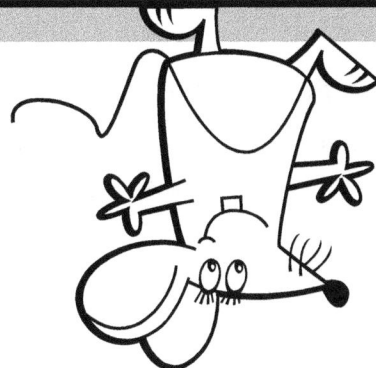

# Les activités familiales – Suggestions

## Qu'est-ce qu'une famille?

Faites un remue-méninges avec la classe pour déterminer ce qui constitue une famille. Il peut s'agir d'une famille nucléaire traditionnelle aussi bien que d'une famille d'accueil, monoparentale, homoparentale, recomposée ou élargie. Dans un organisateur graphique sous forme de toile d'idées, indiquez votre nom au centre, et les noms des différents membres de votre famille tout autour. Expliquez vos liens avec chacune de ces personnes. Par exemple :

- Ma mère fait partie de ma famille parce que je suis son enfant.
- Mon frère fait partie de ma famille parce que nous avons les mêmes parents, la même mère ou le même père.

Vous pourriez illustrer la famille d'une ou un élève différent chaque jour. Invitez les familles à envoyer des photos, à répondre à des questions sur leur vie familiale et à raconter des souvenirs.

## L'arbre généalogique

Illustrez les différences que peuvent présenter les familles en proposant aux élèves de créer leur propre arbre généalogique.

1. Montrez-leur d'abord comment tracer le contour de leur main sur du papier de bricolage de couleur verte, puis le découper.

2. Dites-leur de découper une main pour chacun des membres de leur famille.

3. Ensuite, ils doivent inscrire le nom d'un membre de leur famille sur chacune des mains. Chaque main représente une feuille dans leur arbre généalogique.

4. Sur une grande feuille de papier, ils dessinent le tronc de leur arbre avec un crayon de couleur brune.

5. Montrez-leur comment disposer et coller les feuilles sur le tronc d'arbre.

## Amorces de discussion

- Quelles sont les ressemblances et les différences entre les arbres généalogiques?

## Diagrammes à bandes

Soulignez les différences ou les ressemblances entre les élèves en créant des diagrammes à bandes à la suite d'un sondage sur :

- les mois de naissance
- les couleurs préférées
- le nombre de frères ou sœurs
- le nombre de personnes dans la famille
- les aliments préférés
- la couleur des yeux ou des cheveux

## Amorces de discussion

- Qu'avez-vous remarqué?
- Quelle est la réponse la plus fréquente? La moins fréquente?

Vivre en santé, 1<sup>re</sup> à 3<sup>e</sup> année

# À propos de ma famille

Dans le cadre de nos discussions en classe sur la santé, nous vous demandons de bien vouloir répondre aux questions ci-dessous afin que votre enfant puisse en parler ensuite à ses camarades. Vous pouvez aussi envoyer des photos ou d'autres objets pertinents que votre enfant pourra présenter en classe.

Merci de votre participation!

1. **Ma famille vient de**

2. **Voici certains membres de ma famille :**

3. **Mon souvenir familial préféré est**

© Chalkboard Publishing Inc.

Vivre en santé, 1re à 3e année

# Ma famille est unique

**1.** Dessine ta famille.

**2.** Ma famille est unique parce que

_____

_____

_____ .

Vivre en santé, 1<sup>re</sup> à 3<sup>e</sup> année

# Carte postale familiale

Crée une carte postale illustrant une activité que les membres de ta famille aiment faire ensemble.

Recto de la carte

Verso de la carte

À :

_____

_____

_____

_____

_____

_____

_____

_____

© Chalkboard Publishing Inc.

Vivre en santé, 1re à 3e année

# Les règles et responsabilités – Suggestions d'activités

## La collaboration familiale

Demandez aux élèves s'ils pensent que la famille est importante, et invitez-les à donner des exemples. Dites-leur ensuite de réfléchir à la contribution de chaque personne au sein de la famille. Notez leurs réponses dans un tableau. Ajoutez un crochet à côté des réponses, chaque fois qu'elles se répètent. Encouragez les enfants à réfléchir à leur propre rôle dans leur famille. Quelles sont leurs contributions? Comment cela aide-t-il leur famille?

Remettez aux élèves un tableau familial pour qu'ils l'apportent à la maison et y indiquent comment les membres de leur famille collaborent ensemble.

### Activité supplémentaire :

Vous pourriez discuter de la façon dont les élèves et l'enseignante ou enseignant collaborent dans la classe.

## Les règles et responsabilités à la maison

Faites un remue-méninges pour faire nommer par les élèves différentes règles qu'ils doivent suivre à la maison. Dressez une liste dans un tableau et faites un sondage pour découvrir combien d'autres élèves suivent les mêmes règles. Exemples de règles : je dois me coucher à une certaine heure, je n'ai pas le droit d'utiliser la cuisinière en l'absence d'une grande personne, je dois me comporter poliment, je dois ranger mes jouets, etc.

### Amorces de discussion :

1. Quelles règles servent à vous garder en sécurité à la maison?

2. Quelles règles ont pour but de vous garder en santé?

3. Quelles règles aident les membres de votre famille à bien s'entendre?

4. Que se passerait-il s'il n'y avait aucune règle dans votre maison?

5. Quelles règles aimeriez-vous changer? Pourquoi?

## Les règles et responsabilités à l'école

Demandez aux élèves d'écrire sur des bandes de papier les règles à suivre dans la classe ou à l'école. Exemples de règles : marcher dans les couloirs, ne pas se bousculer, se comporter avec politesse, demander la permission pour aller aux toilettes, etc.

### Amorces de discussion :

1. Quelle règle vous paraît la plus importante?

2. Qui devrait établir les règles de la classe ou de l'école? Pourquoi?

3. Quelles règles ont pour but de vous garder en sécurité?

4. Quelles règles vous aident à apprendre?

5. Quelles sont vos responsabilités à l'école?

6. Quelles sont les responsabilités des gens qui travaillent à l'école?

## Les règles dans les endroits publics

Effectuez les mêmes activités que ci-dessus à propos des règles s'appliquant aux lieux publics.

Vivre en santé, 1re à 3e année

# Tableau familial

Veuillez remplir ce tableau pour aider votre enfant à mieux comprendre le fonctionnement d'une famille et à prendre conscience de la contribution de chacun de ses membres.

Par exemple : une sœur qui aide à nourrir le bébé, les parents qui préparent les repas.

Encouragez votre enfant à réfléchir à son propre rôle au sein de la famille. Quelle est sa contribution? Comment cela est-il utile à la famille?

| Membre de la famille | Tâche ou contribution |
|---|---|
|  |  |
|  |  |
|  |  |
|  |  |
|  |  |

alkboard Publishing Inc. Vivre en santé, 1re à 3e année

# Une règle importante

**1.** Il est important d'avoir des règles à _____ parce que

_____ .

**2.** Crée une affiche au sujet d'une règle que tu trouves importante.

Vivre en santé, 1ʳᵉ à 3ᵉ année

# Des habitudes saines – Suggestions d'activités

## Un mode de vie sain

Présentez à la classe le concept d'un mode de vie sain, afin d'encourager les enfants à former de saines habitudes dès le plus jeune âge. Un mode de vie sain comprend quatre éléments : une alimentation saine, des activités physiques, un sommeil suffisant et des périodes de détente. Inscrivez ces quatre éléments sur une feuille grand format et invitez les élèves à dresser la liste des choses qu'ils peuvent faire pour favoriser ces quatre aspects.

**Activité supplémentaire :**

• Invitez des gens de diverses organisations à venir parler aux élèves des façons de mener une vie saine.

## Les quatre groupes alimentaires

Expliquez aux élèves que la nourriture peut être divisée en quatre groupes alimentaires. Parlez-leur du Guide alimentaire canadien et des portions recommandées quotidiennement pour les enfants. Différents aliments fournissent d'importantes substances nutritives à notre organisme. Les glucides contenus dans les pommes de terre, le pain et les céréales fournissent de l'énergie. Les protéines provenant de la viande et des légumineuses aident à rendre le corps plus résistant. Les vitamines et les minéraux qu'on trouve dans les fruits, les produits laitiers et les légumes permettent de garder nos os, nos dents et notre peau en santé. L'eau aide à transporter les éléments nutritifs dans les différentes zones de l'organisme.

Sur une feuille grand format, inscrivez les quatre groupes alimentaires. Proposez à la classe de faire un remue-méninges pour trouver des aliments qu'ils inscriront dans le groupe approprié.

Consultez avec les élèves le site Web ci-dessous pour vérifier leurs connaissances grâce aux modules interactifs.

**http://www.msss.gouv.qc.ca/sujets/santepub/nutrition/index.php?modules_interactifs**

## Les calories, des unités d'énergie

Expliquez aux élèves qu'une calorie est une unité d'énergie qui provient de la nourriture que nous consommons. Certains aliments, comme les gâteries sucrées, contiennent beaucoup de calories. D'autres, comme le céleri, en contiennent très peu. Faites comprendre aux élèves que les calories ne sont pas mauvaises pour nous, et que notre corps en a besoin pour obtenir de l'énergie. Ce n'est que lorsqu'on en consomme trop et qu'on n'en brûle pas assez par nos activités que les calories entraînent un surplus de poids.

La quantité de calories recommandée pour la plupart des enfants d'âge scolaire est de 1600 à 2500 par jour. On ne recommande pas un nombre de calories précis parce que chaque personne brûle l'énergie ou les calories à un rythme différent, selon sa taille et son niveau d'activité physique.

**Activité supplémentaire :**

• Préférez-vous manger des légumes ou un petit gâteau comme collation? Est-ce un bon choix alimentaire? Pourquoi?

• Préférez-vous manger du poulet ou un hamburger pour souper? Est-ce un bon choix alimentaire? Pourquoi?

• Préférez-vous manger une tablette de chocolat ou des céréales pour le déjeuner? Est-ce un bon choix alimentaire? Pourquoi?

• Préférez-vous aller dans un restaurant rapide ou manger votre repas maison préféré? Est-ce un bon choix alimentaire? Pourquoi?

## Site Web sur la santé des enfants

Le site Web ci-dessous permet aux élèves d'approfondir leur apprentissage des saines habitudes de vie. Ils y trouveront une foule de renseignements et des activités interactives.

**http://www.saineshabitudesdevie.gouv.qc.ca/index.php?zone-enfants**

# Le guide alimentaire canadien

## Produits céréaliers
5 à 12 portions

riz

céréales

bagel

pain

pâtes
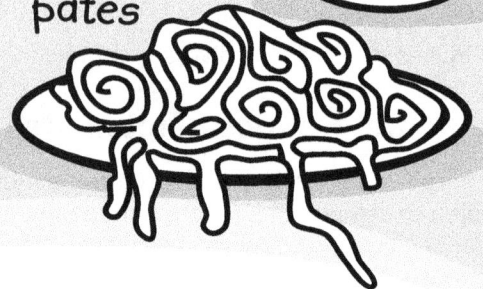

salade

jus

## Fruits et légumes 5 à 10 portions

fruits et légumes

## Produits laitiers 2 à 4 portions

fromage

yogourt

lait

## Viande et substituts
2 à 3 portions

œuf

haricots

volaille
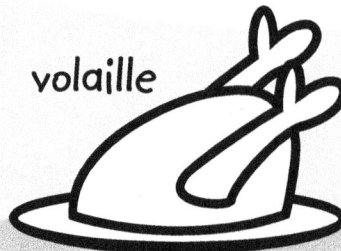

viande

poisson

beurre d'arachide
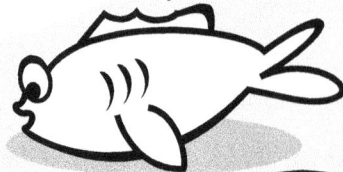

*Vivre en santé, 1re à 3e année*

# Des repas santé, toute la journée!

Note les aliments et les portions que tu consommes au cours d'une journée.

| | | |
|---|---|---|
| 1. | **Déjeuner** | |
| 2. | **Collation santé** | |
| 3. | **Dîner** | |
| 4. | **Collation santé** | |
| 5. | **Souper** | |
| 6. | **Indique des boissons santé.** | |

**Combien as-tu inscrit de portions pour chaque groupe alimentaire?**

Produits céréaliers : ☐☐☐☐☐☐☐   Fruits et légumes : ☐☐☐☐☐☐ ☐☐

Produits laitiers : ☐☐☐☐   Viande et substituts : ☐☐☐☐☐☐☐

**Explique pourquoi tu penses que tes choix sont sains.**

_____

_____

© Chalkboard Publishing Inc.   Vivre en santé, 1re à 3e année

# Bon choix ou pas?

Découpe et colle les images dans l'encadré approprié. Ajoute des dessins de tes propres suggestions.

| Bon choix alimentaire | Mauvais choix alimentaire |
|---|---|
| | |

pomme

beigne

salade

lait

bananes

carottes

pizza

tablette de chocolat

Vivre en santé, 1re à 3e année

# Collage alimentaire

Découpe et colle des illustrations de magazines et de cahiers publicitaires représentant des aliments sains.

Pourquoi as-tu choisi ces aliments?

_____

_____

_____

Vivre en santé, 1re à 3e année

Crée une affiche pour encourager les gens à bien s'alimenter. Ton affiche doit inclure un message et une illustration.

# Manger santé!

# Défi « Manger santé »

## Chers parents et tuteurs,

Dans le cadre de notre module sur les habitudes de vie, nous souhaitons inviter les familles des élèves à participer à notre défi « Manger santé ».

L'objectif est d'encourager les enfants à avoir une alimentation saine.

Mettez votre enfant au défi de manger au moins cinq portions de fruits et légumes par jour. Au cours des cinq prochains jours, notez le nombre de fruits et de légumes que votre enfant consommera.

Pour chaque légume ou fruit consommé, coloriez un carré dans le tableau. Au terme des cinq jours, remplissez la feuille de réflexion sur les résultats obtenus.

Toute la famille est invitée à relever le défi!

Nous vous remercions de votre participation et de votre appui!

_____

# Tableau du défi « Manger santé »

Peux-tu manger au moins cinq portions de fruits et légumes chaque jour, pendant cinq jours consécutifs? Bonne chance!

| 1er jour | 2e jour | 3e jour | 4e jour | 5e jour |
|----------|---------|---------|---------|---------|
|          |         |         |         |         |
|          |         |         |         |         |
|          |         |         |         |         |
|          |         |         |         |         |
|          |         |         |         |         |

Crois-tu avoir réussi? Explique ta réponse.

_____

_____

Vivre en santé, 1re à 3e année

# Réflexion : Défi « Manger santé »

**1.** Crois-tu avoir fait de bons choix alimentaires? Explique ta réponse.

_____

_____

**2.** As-tu reçu de l'aide pour faire tes choix? De qui?

_____

_____

**3.** Quelle était la meilleure partie de ce défi?

_____

_____

**4.** Qu'est-ce qui était le plus difficile?

_____

_____

**5.** Quels sont tes fruits et légumes préférés?

_____

_____

Chalkboard Publishing Inc.

Vivre en santé, 1<sup>re</sup> à 3<sup>e</sup> année

## Certificat de mérite

Comment te sens-tu après avoir relevé ce défi? _____

_____

# FÉLICITATIONS!

 Nom : _____

TU AS RELEVÉ

 LE DÉFI

« MANGER

SANTÉ »!

Vivre en santé, 1re à 3e année

# Des dents saines

Garde tes dents solides et en santé!
Quelles choses fais-tu dans la liste ci-dessous?

| Question | | |
|---|---|---|
| Vas-tu régulièrement chez la ou le dentiste? | Oui | Non |
| Te brosses-tu bien les dents? | Oui | Non |
| Te brosses-tu bien les dents après chaque repas? | Oui | Non |
| Utilises-tu la soie dentaire chaque jour? | Oui | Non |
| Manges-tu des aliments sains? | Oui | Non |

**1. Penses-tu que tu prends bien soin de tes dents? Que pourrais-tu améliorer?**

_____

_____

**2. Aimes-tu aller chez la ou le dentiste? Pourquoi?**

_____

_____

Consulte les sites Web ci-dessous pour découvrir comment prendre bien soin de tes dents :

**http://www.ohdq.com/amident/amusez-vous/index.html**
**http://www.ohdq.com/Sante/SectionJeunesse/512ans.aspx**

Chalkboard Publishing Inc.

Vivre en santé, 1re à 3e année

# Bien dormir!

Les gens ont besoin de sommeil pour être heureux, en santé et capables de fonctionner. Parfois, si on n'a pas assez dormi, on se sent grognon et fatigué. Les enfants de 5 à 12 ans ont besoin de 10 à 11 heures de sommeil chaque nuit!

**Le sommeil aide ton cerveau, afin que tu puisses :**

- te souvenir de ce que tu apprends,
- te concentrer et avoir l'esprit éveillé,
- trouver de nouvelles idées,
- résoudre des problèmes.

**Le sommeil aide ton corps, afin que tu puisses :**

- rester en santé et combattre la maladie,
- être en forme.

**Voici quelques conseils pour avoir une bonne nuit de sommeil :**

- Assure-toi que ta chambre est sombre, fraîche et silencieuse.
- Fais de l'exercice durant la journée.
- Couche-toi toujours à la même heure.
- Ne bois pas de boissons gazeuses contenant de la caféine.

**Réfléchis bien : Dors suffisamment!**

**1. Pourquoi le sommeil est-il important?**

_____

_____

_____

_____

**2. Comment te sens-tu quand tu ne dors pas assez? Explique ta réponse.**

_____

_____

_____

_____

*Vivre en santé, 1re à 3e année*

Crée une affiche pour encourager les jeunes à dormir suffisamment.
Ton affiche doit comporter un message et une illustration.

# Dors-tu assez?

Chalkboard Publishing Inc.

Vivre en santé, 1re à 3e année

# Le timbre santé

Crée un timbre pour encourager les gens à avoir un mode de vie sain.

Décris ton timbre : _____

_____

_____

# Les personnes qui te gardent en santé

Comment ces personnes te gardent-elles en santé?

| 1. | Dessine une ou un médecin. | **Explique** |
|---|---|---|
| | | _____ |
| | | _____ |
| | | _____ |
| | | _____ |
| 2. | Dessine un membre de ta famille. | **Explique** |
| | | _____ |
| | | _____ |
| | | _____ |
| | | _____ |
| 3. | Dessine une ou un dentiste. | **Explique** |
| | | _____ |
| | | _____ |
| | | _____ |
| | | _____ |

**Vivre en santé, 1ʳᵉ à 3ᵉ année**

# Des habitudes saines

Explique pourquoi les habitudes ci-dessous sont bénéfiques pour la santé.

## Se brosser les dents

## Dormir suffisamment

## Faire de l'exercice

## Avoir une alimentation saine

*Vivre en santé, 1re à 3e année*

# La sécurité personnelle – Suggestions d'activités

## Jeu de rôles

Invitez les élèves à interpréter, à deux ou en petits groupes, différents scénarios liés à la sécurité.
Exemples de scénarios :

- Une personne que tu ne connais pas s'approche de toi. Que fais-tu?
- Une amie veut jouer avec des allumettes. Comment réagis-tu?
- Tu te perds dans un centre commercial. Que fais-tu?
- Un ami te demande de jouer dans la rue. Que fais-tu?
- Il y a un incendie dans ta maison. Que fais-tu?

## Les personnes qui te gardent en sécurité

Aidez les élèves à identifier les gens qui assurent leur sécurité. Par exemple :

- policière ou policier    • pompière ou pompier    • parents du quartier    • brigadière ou brigadier scolaire

Invitez une personne exerçant l'un de ces métiers à faire une présentation devant la classe.

## Affiche sur la sécurité

Les élèves pourraient créer des affiches sur la sécurité où figureraient des conseils adaptés à divers lieux et situations.
Par exemple : sécurité personnelle, cybersécurité, sécurité dans les lieux publics, sécurité à vélo, sécurité aquatique, etc.
Consultez le site Web ci-dessous, qui donne des conseils de sécurité aux enfants.

**http://spvm.qc.ca/fr/jeunesse/enfant.asp**

## Dépliant sur la sécurité

Invitez les élèves à créer un dépliant sur la sécurité. Les points abordés pourraient comprendre :

- Qui appeler en cas d'urgence
- Les personnes qui nous gardent en sécurité
- Les endroits publics
- La sécurité aquatique
- La sécurité sur Internet

1. Montrez aux enfants comment plier une feuille de papier pour former un dépliant.
2. Dites-leur de tracer leur maquette au crayon.

   - Ils doivent inscrire le titre de chaque section à l'endroit choisi dans le dépliant.
   - Ils doivent laisser de l'espace sous chaque titre pour ajouter de l'information.
   - Ils doivent prévoir aussi de l'espace pour les illustrations et les schémas.

3. Invitez-les à rédiger un texte sous chaque titre. Ce projet peut être effectué individuellement, en groupe classe ou en petits groupes.

## Thèmes de journal et amorces de discussion

- Qu'est-ce qui pourrait arriver si tu jouais avec des allumettes ou un briquet?
- Pourquoi est-il important de regarder des deux côtés avant de traverser la rue?
- Pourquoi dois-tu attacher ta ceinture de sécurité dans la voiture?
- Que ferais-tu si un incendie se déclarait dans ta maison?
- Qu'est-ce qui t'indique si tu peux faire confiance à quelqu'un? Son apparence? Son métier?
- Comment réagirais-tu si une personne que tu ne connais pas te demandait de monter dans sa voiture?
- Pourquoi ne dois-tu jamais jouer avec des prises de courant?

Chalkboard Publishing Inc.

# Mon adresse et mon numéro de téléphone

Chers parents et tuteurs,

Veuillez remplir les encadrés ci-dessous afin de vous assurer que votre enfant connaît son adresse et son numéro de téléphone.

## Mon adresse est

## Mon numéro de téléphone est

Vivre en santé, 1re à 3e année

# En sécurité chez moi

## Qui dois-tu appeler en cas d'urgence?

1. _____

2. _____

3. _____

Quelles règles dois-tu suivre à la maison pour demeurer en sécurité?

_____

_____

_____

911  911  911

911  911

# Conseil de sécurité

Crée une affiche qui présente un conseil de sécurité. Ajoute une phrase qui explique l'importance de ton conseil.

## Pour être en sécurité

# Les personnes qui te gardent en sécurité

Comment ces personnes assurent-elles ta sécurité?

**1.** Dessine une pompière ou un pompier.

**Explique**

_____

_____

_____

_____

**2.** Dessine une policière ou un policier.

**Explique**

_____

_____

_____

_____

**3.** Dessine une brigadière ou un brigadier scolaire.

**Explique**

_____

_____

_____

_____

*Vivre en santé, 1re à 3e année*

# Les activités physiques – Suggestions d'activités

## Sondage sur les activités physiques

Avec la classe, dressez une liste des activités physiques que pourraient pratiquer les élèves. Par exemple : sauter à la corde, faire du vélo, suivre des cours de danse, marcher, etc. Questionnez ensuite les élèves pour découvrir les activités qu'ils ont déjà pratiquées. Ajoutez un crochet à côté des réponses, chaque fois qu'elles se répètent.

### Amorces de discussion :

- Quelle activité de cette liste aimerais-tu essayer, si tu ne l'as jamais pratiquée?
- À quelle fréquence pratiques-tu cette activité?
- Qu'est-ce qui te plaît dans cette activité? Comment te sens-tu lorsque tu la pratiques?
- Où pratiques-tu cette activité?

## Allez, bougez!

Montrez aux élèves comment prendre leur pouls. Invitez-les ensuite à faire une activité physique énergique telle que des sauts avec écart, de la course sur place ou de la danse au son d'une musique entraînante. Après cette activité, dites-leur de vérifier si leur cœur bat plus vite, si leurs poumons travaillent davantage et s'ils ont plus chaud. Expliquez-leur que l'activité physique énergique est importante pour garder le corps en forme et en santé.

### Amorces de discussion :

- Comment vous sentiez-vous en faisant cette activité physique?
- Dites aux enfants de réfléchir au sondage sur les activités physiques et de déterminer celles qui peuvent être qualifiées d'énergiques. Invitez-les à expliquer leurs réponses.

## Défi « Activité physique »

Pour encourager les élèves à être actifs quotidiennement, invitez-les à relever le défi « Activité physique » durant cinq jours. Chaque jour, ils doivent noter les activités physiques qu'ils ont effectuées, ainsi que leur durée. Mettez-les au défi de faire au moins 30 minutes d'activité physique quotidiennement.

Faites un remue-méninges avec la classe pour dresser une liste d'activités possibles. Par exemple :

- jeu de poursuite (chat)
- sport d'équipe
- danse
- saut à la corde

- marelle
- aérobie
- natation
- marche

- course à pied
- vélo
- musculation
- randonnée

### Activité supplémentaire :

- Demandez aux élèves d'utiliser un modèle de grille pour créer une grille de mots cachés portant sur les activités physiques.
- Invitez les élèves à mener un sondage sur leurs activités physiques préférées.
- Suggérez aux élèves de créer une suite de mouvements aérobiques sur une musique entraînante. Ils pourraient diriger les mouvements du groupe à tour de rôle.
- Chaque élève pourrait écrire la biographie d'une personnalité sportive, en indiquant ses raisons pour avoir choisi cette personne et en précisant les qualités qui lui ont permis de se distinguer dans son sport.

*Vivre en santé, 1re à 3e année*

# Tableau du défi « Activité physique »

Bravo! Tu as accepté de relever le défi « Activité physique »!

Pour les cinq prochains jours, tu devras noter toutes les activités physiques que tu pratiques. Par exemple : marcher jusqu'à l'école, danser, sauter à la corde, faire des sports d'équipe, rouler à bicyclette, jouer dehors, etc. Peux-tu faire au moins 30 minutes d'activité physique par jour?

| | Quelle activité physique as-tu pratiquée? | Pendant combien de minutes? |
|---|---|---|
| 1er jour | | |
| 2e jour | | |
| 3e jour | | |
| 4e jour | | |
| 5e jour | | |

© Chalkboard Publishing Inc.

Vivre en santé, 1re à 3e année

# Réflexion : Défi « Activité physique »

**1.** Crois-tu avoir bien réussi?

_____

_____

**2.** Qu'est-ce qui te plaît quand tu fais une activité physique? Explique ta réponse.

_____

_____

**3.** Qu'est-ce qui ne te plaît pas? Explique ta réponse.

_____

_____

**4.** Si tu pouvais te spécialiser dans deux sports, lesquels choisirais-tu?

_____

_____

**5.** Dessine ton activité physique préférée.

Vivre en santé, 1re à 3e année

# FÉLICITATIONS!

Nom : _____

## TU AS RELEVÉ LE DÉFI « ACTIVITÉ PHYSIQUE »!

Vivre en santé, 1re à 3e année

# Mes recommandations

Recommande deux choses que les gens peuvent faire pour avoir un mode de vie sain. Explique tes raisons.

| Je recommande... | Fais un dessin. |
|---|---|
|  |  |
|  |  |

Vivre en santé, 1re à 3e année

# La résolution de conflits – Suggestions d'activités

## Qu'est-ce que la résolution de conflits?

Expliquez aux élèves que la résolution de conflits est un processus qui aide à résoudre des problèmes de façon positive. Chaque personne concernée est encouragée à assumer la responsabilité de ses actes. Les étapes de la résolution de conflits peuvent comprendre :

- déterminer le problème,
- écouter sans interrompre,
- mettre les choses au clair,
- proposer différentes solutions.

Discutez de ces étapes avec les élèves. Organisez un jeu de rôles afin qu'ils puissent se familiariser avec le processus et expérimenter diverses situations, dont des situations susceptibles de survenir dans la classe. Encouragez-les à essayer de comprendre le point de vue de l'autre personne et à tenter de trouver diverses solutions. Ainsi, ils s'habitueront à recourir à d'autres moyens lorsqu'une solution ne fonctionne pas. Affichez les étapes de la résolution de conflits au tableau, afin qu'ils puissent s'y référer.

## La colère

Expliquez aux élèves que, parfois, les gens éprouvent de la colère face à une situation. Décrivez des situations qui peuvent susciter de la colère. Par exemple :

- Quelque chose nous paraît injuste.
- On nous enlève quelque chose.
- Quelqu'un brise un objet qui nous appartient.
- Quelqu'un est méchant ou nous taquine.
- Quelqu'un refuse de partager.
- Quelqu'un envahit notre espace

Demandez aux élèves de se rappeler un moment où ils ont éprouvé de la colère. Que s'était-il passé et comment ont-ils réagi? Discutez de la meilleure façon de faire face à différentes situations.

## La gentillesse

Faites un remue-méninges pour trouver des exemples de gentillesse. Notez les réponses des élèves sur une feuille grand format. Passez ensuite cette liste en revue, en leur demandant d'associer les sentiments que ces gestes provoquent chez eux.

**Amorces de discussion :**

- De quelles façons pouvez-vous faire preuve de gentillesse à l'égard des autres?
- Comment se sent-on quand on fait preuve de gentillesse? Comment se sent-on quand on agit méchamment?

Proposez aux élèves de créer des coupons à remettre aux gens comme marque de gentillesse. Ces coupons pourraient être destinés à des élèves, des gens du voisinage, des membres de la famille ou du personnel enseignant, etc.

## L'intimidation

Aidez les élèves à mieux comprendre l'intimidation, qui peut être définie comme le fait de blesser délibérément quelqu'un physiquement ou psychologiquement. Expliquez-leur que les personnes qui intimident les autres peuvent être de différents types. Très souvent, une personne se fait intimider de façon répétée. L'intimidation peut être :

**physique :** frapper, bousculer, faire tomber, pousser, donner des coups de poing, voler des objets, enfermer, etc.

**verbale :** taquiner, critiquer, ridiculiser, faire des remarques embarrassantes, etc.

**relationnelle :** exclure d'un groupe, répandre des rumeurs, ignorer, ostraciser, etc.

L'objectif est de faire comprendre aux élèves comment se sent une personne intimidée, afin qu'ils éprouvent de l'empathie et contribuent à faire cesser l'intimidation.

Chalkboard Publishing Inc.

Vivre en santé, 1ʳᵉ à 3ᵉ année

# Cartes de scénario de conflit : Que ferais-tu?

## Scénario de conflit : Que ferais-tu?

L'enseignant vous dit de vous mettre en file pour la récréation. Quelqu'un te pousse pour prendre ta place au lieu de se mettre au bout de la file.

## Scénario de conflit : Que ferais-tu?

Quelqu'un a pris ton matériel sans ta permission.

## Scénario de conflit : Que ferais-tu?

Tu bâtis une structure avec un jeu de construction et quelqu'un fait exprès de la détruire.

## Scénario de conflit : Que ferais-tu?

Tes amies et toi jouez au ballon durant la récréation. Quelqu'un arrive et vous enlève le ballon.

## Scénario de conflit : Que ferais-tu?

Tu te disputes avec ton ami. Il ne veut plus jouer avec toi.

## Scénario de conflit : Que ferais-tu?

Tu essaies de faire ton travail à ton pupitre et quelqu'un n'arrête pas de te déranger.

Vivre en santé, 1re à 3e année

# Réglons le problème!

# 1<sup>re</sup> étape

# Déterminer le problème

# 2e étape

# Écouter sans interrompre

# 3e étape

# Mettre les choses au clair

Mettre les choses au clair

# 4ᵉ étape

## Proposer une solution

# 5ᵉ étape

## Tu dois toujours te mettre à la place de l'autre personne.

# Des marques de gentillesse

Les marques de gentillesse montrent aux gens que tu te préoccupes d'eux. Colorie en vert les bulles où sont indiqués des exemples de gentillesse.

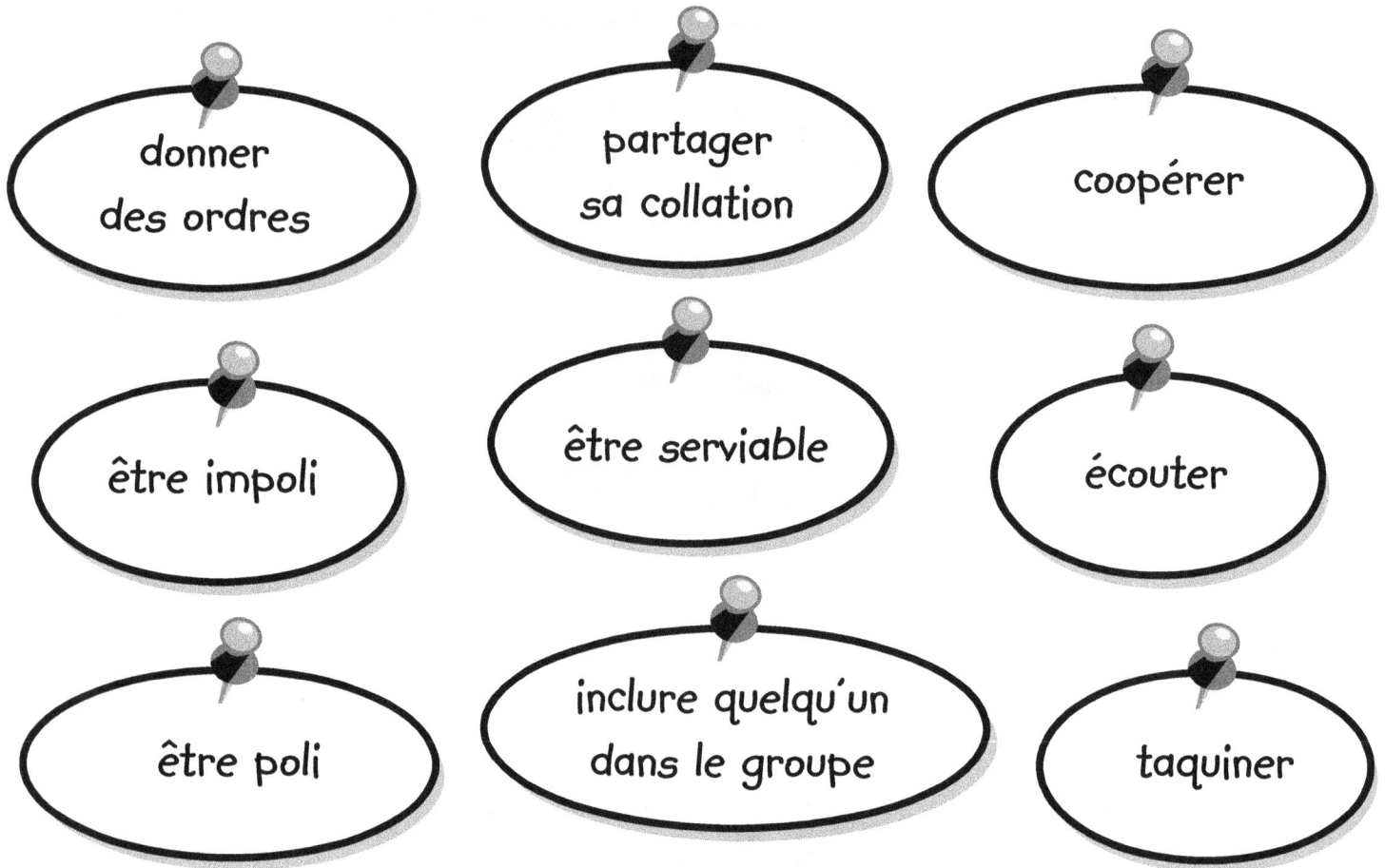

donner des ordres

partager sa collation

coopérer

être impoli

être serviable

écouter

être poli

inclure quelqu'un dans le groupe

taquiner

**1.** Comment te sens-tu quand une personne est gentille avec toi? Explique ta réponse.

_____

_____

**2.** Comment te sens-tu quand tu te comportes gentiment avec quelqu'un? Explique ta réponse.

_____

_____

Vivre en santé, 1re à 3e année

# L'intimidation – Que devrais-tu faire?

1. **Comment se sent une victime d'intimidation, selon toi?**

| Sentiment | | Pourquoi? |
|---|---|---|
| | → | |

| Sentiment | | Pourquoi? |
|---|---|---|
| | → | |

| Sentiment | | Pourquoi? |
|---|---|---|
| | → | |

2. **Encercle en vert les choses que tu devrais faire lorsque tu te fais intimider.**
   **Encercle en rouge les choses que tu ne devrais pas faire lorsque tu te fais intimider.**

ignorer la personne qui t'intimide

en parler à des adultes

ne pas en parler

aller dans un endroit sûr

te battre avec la personne qui t'intimide

dire que tu n'aimes pas ça

rester calme

Chalkboard Publishing Inc.

Vivre en santé, 1re à 3e année

# Arrêtons L'INTIMIDATION!

## Qu'est-ce que l'intimidation?

L'intimidation, c'est quand on fait délibérément du mal à quelqu'un par divers moyens :

- des insultes ou des paroles dénigrantes,
- de la violence physique,
- de l'exclusion ou du rejet,
- des rumeurs.

**1.** **Nomme trois choses que peut faire une victime d'intimidation.**

a. _____

b. _____

c. _____

**2.** **Nomme trois choses que tu peux faire si tu es témoin d'une situation d'intimidation.**

a. _____

b. _____

c. _____

*Vivre en santé, 1ʳᵉ à 3ᵉ année*

# Situation d'intimidation

**a.** Que s'est-il passé? _____

_____

**b.** Est-ce que cela t'est déjà arrivé?     OUI     NON

**c.** Comment as-tu réagi? _____

_____

**d.** Si cela se produit de nouveau, tu devrais :

• dire à la personne d'arrêter;
• aller dans un endroit sûr;
• en parler à une ou un adulte.

**e.** Autre commentaire _____

_____

# Arrêtons l'intimidation! Thèmes du journal

1. As-tu déjà été victime d'intimidation?

2. Que peux-tu faire si tu as peur de te faire intimider?

3. Pourquoi une victime d'intimidation peut-elle avoir peur d'en parler à des adultes?

4. Quand devrais-tu en parler à des adultes?

5. Pourquoi les gens qui intimident les autres veulent-ils garder cela secret?

6. Quel type d'intimidation est le pire, à ton avis? Pourquoi?

7. Comment se sent une victime d'intimidation, selon toi?

8. As-tu déjà intimidé quelqu'un? Pourquoi?

9. Que peux-tu faire si tu es témoin d'une situation d'intimidation?

10. Est-ce acceptable d'intimider quelqu'un parce qu'on est en colère?

# Conseil amical

**Choisis l'une de ces deux activités :**
- Écris une lettre pour conseiller quelqu'un qui se fait intimider.
- Écris une lettre pour conseiller quelqu'un qui intimide les autres.

Chère ou Cher _____,

_____

_____

_____

_____

_____

_____

_____

_____

_____

_____

_____

_____

Amicalement, _____

# Ce que je pense savoir et ce que j'aimerais savoir

Écris ou dessine dans les encadrés ci-dessous.

## CE QUE JE PENSE SAVOIR :

## CE QUE J'AIMERAIS SAVOIR :

Vivre en santé, 1ʳᵉ à 3ᵉ année

# Projet de recherche et présentation

## Compte rendu de recherche

Demandez aux élèves de lire des textes informatifs et de résumer dans leurs propres mots ce qu'ils ont lu. Préparez une table ou un coin se rapportant au thème, où ils trouveront des ressources pertinentes : livres, films, affiches, magazines, etc.

Encouragez-les à explorer les différentes sections d'un ouvrage documentaire :

1. la page titre, où figurent le titre et le nom de l'auteure ou auteur;
2. la table des matières, qui comprend les titres et les pages des chapitres, et permet de repérer l'information recherchée;
3. le glossaire ou lexique, qui fournit la signification de certains mots utilisés dans le livre;
4. l'index, qui présente, par ordre alphabétique, la liste des sujets abordés.

Discutez ensuite des critères d'un bon projet de recherche. Ce dernier devrait comporter :

- un tableau ou un autre outil de présentation;
- une grammaire et une ponctuation adéquates (majuscules et points, par exemple);
- des caractères assez gros pour que le texte puisse être lu de loin;
- des dessins détaillés et en couleur.

## Présentation orale

Invitez les élèves à faire, devant la classe, une présentation de ce qu'ils ont appris. Donnez-leur ces conseils :

- Parlez clairement, lentement et assez fort pour que tout le monde vous entende.
- Regardez votre auditoire et évitez de vous dandiner.
- Annoncez votre sujet de façon intéressante, par exemple au moyen d'une devinette ou d'une question.
- Choisissez les aspects les plus importants à transmettre.
- Appuyez votre présentation par des dessins, une maquette ou un diorama.

# Toile d'idées sur...

Remplis cette toile d'idées.

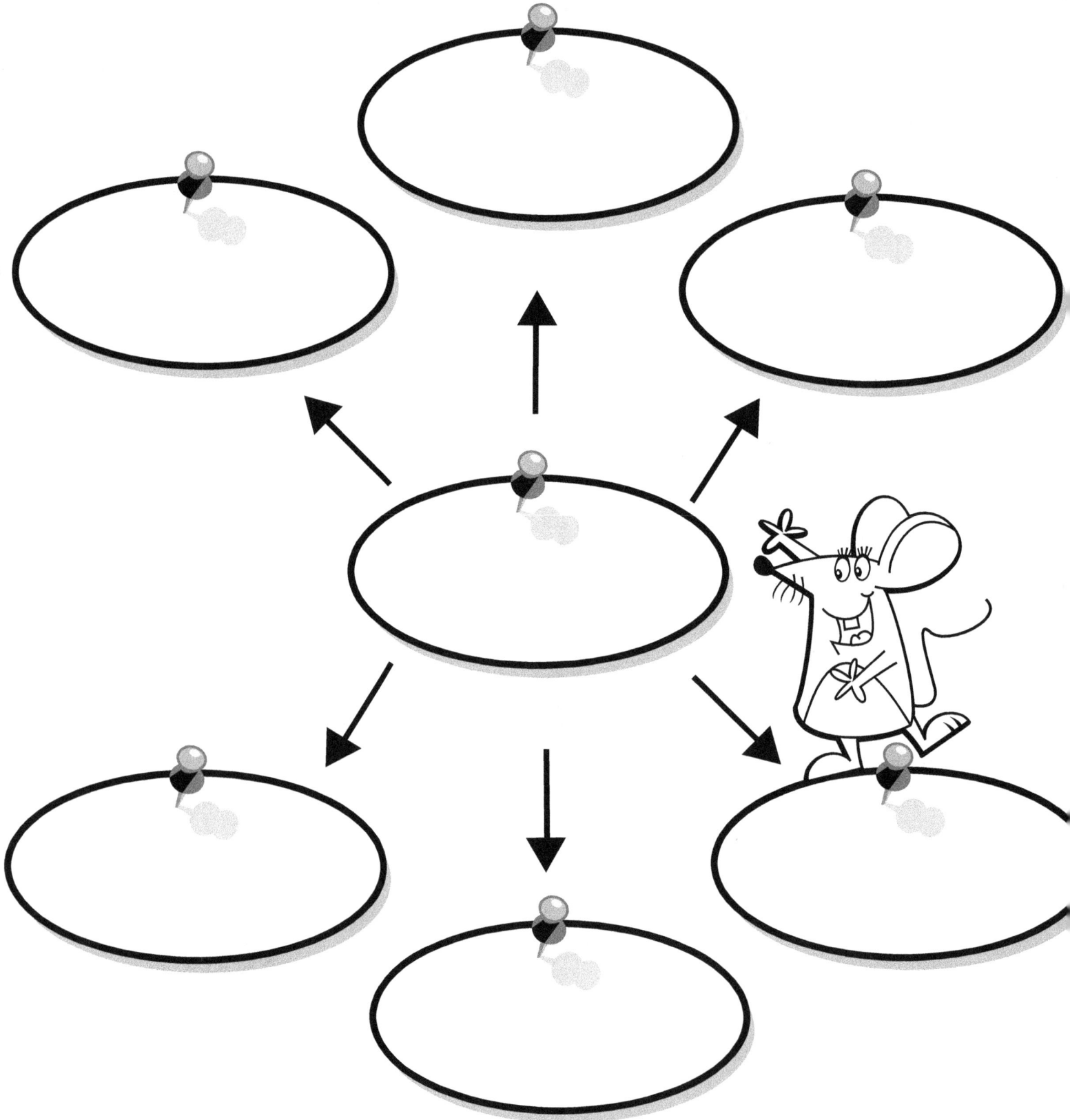

Vivre en santé, 1re à 3e année

# Tableau à deux colonnes sur...

Remplis ce tableau.

**Un tableau à deux colonnes sur** _____

# Diagramme de Venn sur...

Remplis ce diagramme.

Un diagramme de Venn sur _____

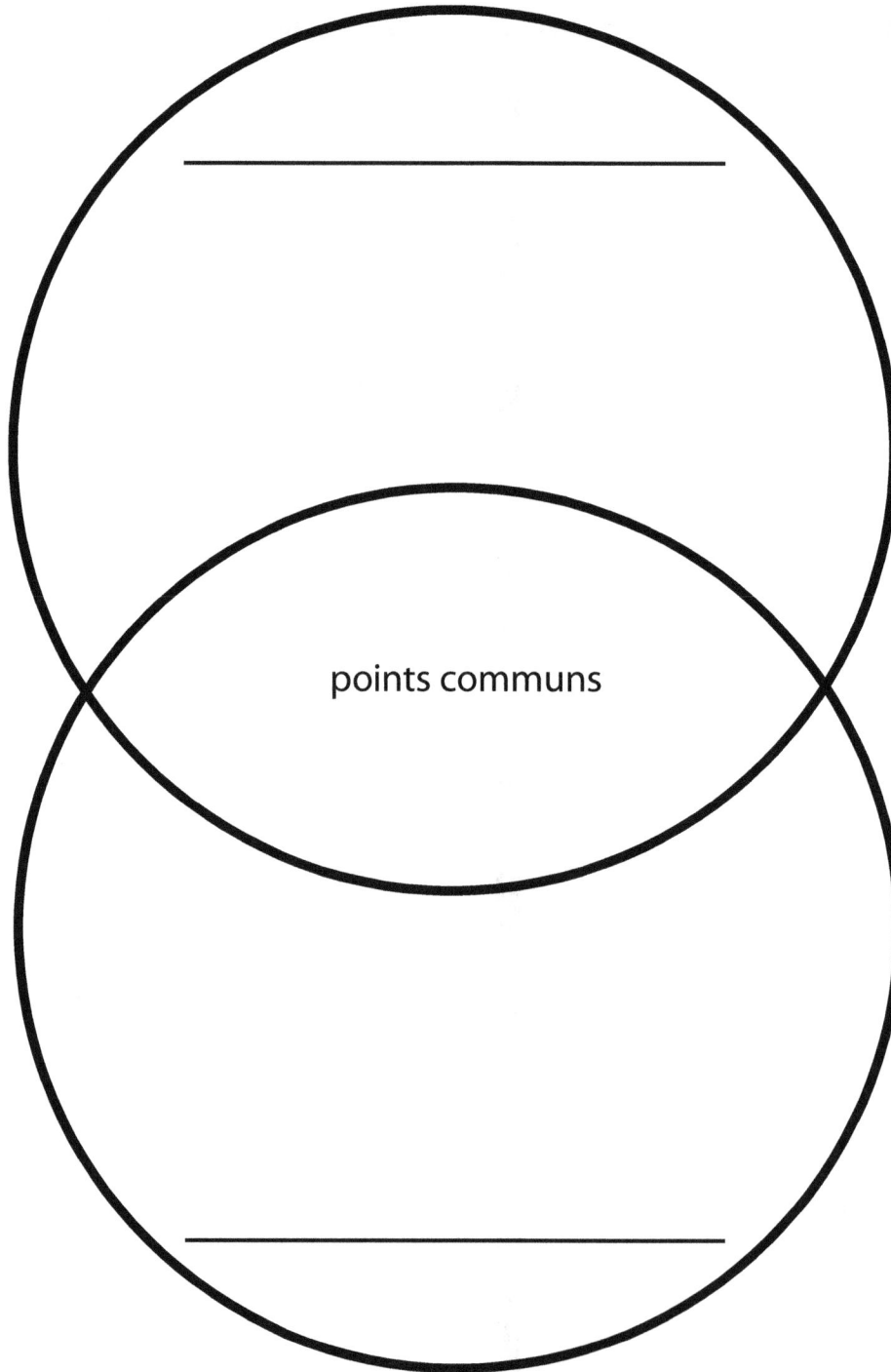

_____

points communs

_____

Vivre en santé, 1<sup>re</sup> à 3<sup>e</sup> année

# Plan de sondage

**1.** Quelle est la question? _____

**2.** Combien de personnes vas-tu interroger? _____

| Choix de réponses | Pointage |
|---|---|
| | |
| | |
| | |
| | |
| | |
| | |
| | |

**3.** Lorsque le sondage est terminé, crée un diagramme à bandes pour présenter l'information.

Chalkboard Publishing Inc.

Vivre en santé, 1re à 3e année

# Résultats du sondage

**1.** Voici un diagramme représentant _____

**2.** Titre du sondage : _____

**3.** J'ai découvert que

_____

_____

_____

_____

Vivre en santé, 1re à 3e année

# Grilles d'évaluation

| Niveau | Description de la participation de l'élève |
|--------|--------------------------------------------|
| Niveau 4 | L'élève contribue toujours aux discussions et aux activités en exprimant des idées et en posant des questions. |
| Niveau 3 | L'élève contribue généralement aux discussions et aux activités en exprimant des idées et en posant des questions. |
| Niveau 2 | L'élève contribue parfois aux discussions et aux activités en exprimant des idées et en posant des questions. |
| Niveau 1 | L'élève contribue rarement aux discussions et aux activités en exprimant des idées et en posant des questions. |

| Niveau | Description de la compréhension des concepts |
|--------|----------------------------------------------|
| Niveau 4 | L'élève démontre une excellente compréhension de tous ou de presque tous les concepts et donne toujours des explications complètes et justes, de manière autonome. Elle ou il n'a pas besoin de l'aide de l'enseignante ou enseignant. |
| Niveau 3 | L'élève démontre une bonne compréhension de la plupart des concepts et donne généralement des explications complètes ou presque complètes. Elle ou il a rarement besoin de l'aide de l'enseignante ou enseignant. |
| Niveau 2 | L'élève démontre une compréhension satisfaisante de la plupart des concepts et donne parfois des explications justes, mais incomplètes. Elle ou il a parfois besoin de l'aide de l'enseignante ou enseignant. |
| Niveau 1 | L'élève démontre une piètre compréhension des concepts et donne rarement des explications complètes. Elle ou il a constamment besoin de l'aide de l'enseignante ou enseignant. |

| Niveau | Évaluation des capacités de communication |
|--------|-------------------------------------------|
| Niveau 4 | L'élève communique toujours avec clarté et précision, tant oralement que par écrit. Elle ou il emploie toujours une terminologie et un vocabulaire adéquats. |
| Niveau 3 | L'élève communique généralement avec clarté et précision, tant oralement que par écrit. Elle ou il emploie, la plupart du temps, une terminologie et un vocabulaire adéquats. |
| Niveau 2 | L'élève communique parfois avec clarté et précision, tant oralement que par écrit. Elle ou il emploie parfois une terminologie et un vocabulaire adéquats. |
| Niveau 1 | L'élève communique rarement avec clarté et précision, tant oralement que par écrit. |

© Chalkboard Publishing Inc.

Vivre en santé, 1re à 3e année

# Grille d'évaluation de la classe

Remplissez cette grille.

| Nom de l'élève | Participation en classe | Compréhension des concepts | Communication des concepts | Évaluation globale |
|---|---|---|---|---|
| | | | | |
| | | | | |
| | | | | |
| | | | | |
| | | | | |
| | | | | |
| | | | | |
| | | | | |
| | | | | |
| | | | | |
| | | | | |
| | | | | |
| | | | | |

Vivre en santé, 1re à 3e année

# Grille d'évaluation de l'activité physique

| | Niveau 1 | Niveau 2 | Niveau 3 | Niveau 4 |
|---|---|---|---|---|
| **Compréhension des concepts liés à l'activité physique** | L'élève démontre une compréhension limitée des concepts. | L'élève démontre une compréhension partielle des concepts. | L'élève démontre une bonne compréhension des concepts. | L'élève démontre une compréhension approfondie des concepts. |
| **Mise en application des habiletés enseignées** | L'élève met peu des habiletés en application. | L'élève met certaines habiletés en application. | L'élève met la plupart des habiletés en application. | L'élève met toutes ou presque toutes les habiletés en application. |
| **Participation** | L'élève a toujours besoin d'encouragement. | L'élève a parfois besoin d'encouragement. | L'élève a rarement besoin d'encouragement. | L'élève n'a presque jamais besoin d'encouragement. |
| **Esprit sportif** | L'élève a besoin d'encouragement pour faire preuve d'esprit sportif. | L'élève partage avec les autres, et les aide et les encourage à l'occasion. | L'élève partage avec les autres, et les aide et les encourage généralement. | L'élève se comporte en chef d'équipe. Elle ou il partage toujours avec les autres, et les aide et les encourage toujours. |
| **Pratiques sécuritaires** | L'élève doit toujours se faire rappeler les consignes de sécurité relatives au matériel et aux installations. | L'élève doit parfois se faire rappeler les consignes de sécurité relatives au matériel et aux installations. | L'élève doit rarement se faire rappeler les consignes de sécurité relatives au matériel et aux installations. | L'élève ne doit presque jamais se faire rappeler les consignes de sécurité relatives au matériel et aux installations. |

Chalkboard Publishing Inc.

Vivre en santé, 1re à 3e année

# Je réfléchis à mon travail...

## Je réfléchis à mon travail!

**1.** Je suis fière ou fier de :

_____

**2.** Je veux en apprendre plus sur :

_____

**3.** J'ai besoin d'améliorer ceci :

_____

**4.** Je réussirai mieux d'ici :

_____

## Je réfléchis à mon travail!

**1.** Je suis fière ou fier de :

_____

**2.** Je veux en apprendre plus sur :

_____

**3.** J'ai besoin d'améliorer ceci :

_____

**4.** Je réussirai mieux d'ici :

_____

Vivre en santé, 1re à 3e année

# Sites Web utiles

1. Service de police de la ville de Montréal
   http://spvm.qc.ca/fr/jeunesse/enfant.asp

2. SécuriJeunes Canada
   http://www.safekidscanada.ca/fr-ca/home.aspx

3. Radio-Canada, zone jeunesse – L'intimidation
   http://www.radio-canada.ca/jeunesse/explorateur/
   toutSurToi/index.asp?no_contenu=6959

4. L'association pulmonaire du Canada
   http://www.poumon.ca/lung101-
   renseignez/students-etudiants_f.php

5. L'ordre des hygiénistes dentaires du Québec
   http://www.ohdq.com/Sante/SectionJeunesse/512ans.aspx

6. Santé Canada : un site pour les enfants
   http://www.hc-sc.gc.ca/hl-vs/jfy-spv/children-enfants-fra.php

7. Santé et services sociaux Québec
   http://www.msss.gouv.qc.ca/sujets/santepub/
   nutrition/index.php?modules_interactifs

8. Saines habitudes de vie – Gouvernement du Québec
   http://www.saineshabitudesdevie.gouv.qc.ca/index.php?zone-enfants

# FÉLICITATIONS!

Nom : _____

*Tu connais tout sur la santé!*

*Bravo!*

Vivre en santé, 1ʳᵉ à 3ᵉ année